W0085354

ERFOLGSREZEPTE

I GEORGE FEITER I **ALTE LIEBE GEHT DURCH DEN MAGEN!**

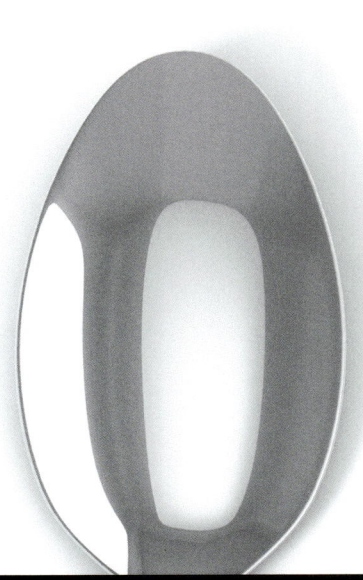

UNSERE STADT. UNSER VEREIN. UNSERE LEIDENSCHAFT!

Hannover 96 bedankt sich bei seinem Hauptsponsor und seinen Exklusiv-Partnern!

NIEMALS ALLEIN!

Hannover meine Stadt. 96 mein Verein.

LIEBE LESERINNEN UND LESER,
LIEBE FEINSCHMECKER UND HOBBYKÖCHE,

der griechische Philosoph Platon hat rund 400 v. Chr. viele schlaue Dinge gesagt. Er hat seine Mitmenschen genau beobachtet und mit Weitsicht Meinungen und Ansichten formuliert, die noch heute zutreffend sind. „Wer essen will, ohne sich auf die Kochkunst zu verstehen, wird über die dargereichten Speisen kein sicheres Urteil fällen können", meinte einst Platon und konnte damals sicherlich kaum ahnen, welche Entwicklung die Nahrungsaufnahme des Menschen einmal nehmen wird.

Im Besonderen gilt dies für Sportler und eben auch unsere Bundesligaprofis, für die natürlich eminent wichtig ist, dass ihre Mahlzeiten entsprechend nährstoffreich und wertvoll sind. Zur Vorbereitung auf das kommende Spiel und direkt nach einer Begegnung, um die körpereigenen Speicher wieder zu füllen – die richtige Ernährung ist für einen Profisportler ein absolutes Muss.

Dabei sollte der Genuss nicht zu kurz kommen. Dass es schmeckt und gesund ist, lässt sich mit qualitativ guten Lebensmitteln, entsprechender Kenntnis der Zubereitung und etwas Kreativität nämlich prima verbinden. Sich richtig und gesund zu ernähren, um fit zu sein, geht keineswegs einher mit langweiligen Gerichten.

Das 96-Kochbuch bietet Ihnen einen bunten Querschnitt: Raffinierte Rezepte, sportlergerechtes Essen und Genuss pur. Entdecken Sie durch Nachkochen und Ausprobieren, was unsere Mannschaft besonders mag und selbst gern kocht. Denn Sie wissen ja – in Anlehnung an Platon: Wer sich mit richtiger und gesunder Ernährung und mit Lebensmitteln auskennt, kann auch gut und vor allem schmackhaft kochen. Vielleicht kommt ja die eine oder andere Anregung mit diesem Buch von HANNOVER 96.

Viel Vergnügen bei der Lektüre
und insbesondere beim Nachkochen

IHR DIRK DUFNER

Sportdirektor

TEAMGEIST

Auf geht's, heute kochen wir miteinander. Jeder bringt das Passende mit für ein gutes Zusammenspiel der Speisen. Und wenn wir alle beisammen sind, wird's eng in der Küche; da müssen die Laufwege stimmen. Dazu die richtige Taktik.

Für die kulinarischen Töpfe braucht es nicht nur kreative Köpfe. Die Basis muss stimmen. Schon beim Einkauf ist Auge gefragt für die Zutaten. Und wenn keiner das Gemüse wäscht und die Kartoffeln schält, wird das auch nix mit dem Hochgenuss. Wird an Spüle und Schneidebrett nicht sauber aufgebaut, kann am Herd keiner zaubern.

Selbst unter den besten Küchen-Freunden geht nichts ohne Teambesprechung. Wer steht wann wo? Wer spielt wem für den Sieg des Wohlgeschmacks die richtigen Ingredenzien zu? Muss es heiß sein oder ist behutsames Köcheln angesagt? Gehen wir scharf ran oder würzen wir vorsichtig? Hauptsache wir gehen Hand in Hand, stehen eingespielt in der Mannschaftsküche.

Naja, und wenn die Luft brennt, macht halt eine(r) den Chefkoch.
Was zählt, ist auf'm Tisch.

Einen Guten!

IHR GEORGE FEITER
Weinhaus Feiter

Es iss ja, wie's iss: Aufstehen hat auch was Erhebendes.

DEUTSCHER RADIOPREIS 2012

Beste Morgensendung

NDR 2

PONIK & PETERSEN

Der NDR 2 Morgen

Mit Frühstück bei Stefanie um 7:17 Uhr.

REZEPTE

I GEORGE FEITER I **ALTE LIEBE GEHT DURCH DEN MAGEN!**

MIRKO SLOMKA
KROSS GEBRATENE ENTENBRUST MIT EINER HONIG-ZIMTKRUSTE

ZUBEREITUNG

Den Ofen auf 120°C vorheizen.

Die Entenbrüste waschen, trocken tupfen und die Haut kreuzweise einschneiden. Dabei nicht bis auf das Fleisch schneiden. Die Entenbrüste ohne Öl auf die Hautseite in eine Pfanne legen und erhitzen. So lange liegen lassen, bis die Haut kross gebraten ist. Die Entenbrüste ganz kurz auf der anderen Seite und an den Rändern anbraten. Dabei darauf achten, dass das Fleisch so wenig wie möglich eingestochen wird. Die Entenbrüste aus der Pfanne nehmen, salzen und pfeffern. Den Honig mit dem Zimt verrühren und auf die Hautseite streichen. Ein Ofengitter auf die mittlere Schiene schieben, darunter ein Blech zum Auffangen des Bratensaftes geben. Das Fleisch mit der Hautseite nach oben darauf setzen und den Ofen auf 100°C runter schalten. Ca. 50 Minuten langsam rosa garen. Eventuell noch mal ganz leicht salzen und pfeffern.

Für die Sauce den Portwein in das Auffangblech geben, kurz verrühren und in einen Topf umfüllen. Auf dem Herd die Sauce zum Kochen bringen und etwas einkochen lassen. Sahne und Crème Fraîche mit dem Schneebesen unterrühren, mit Salz und Pfeffer abschmecken.

Die Entenbrüste schräg aufschneiden und mit der Sauce servieren. Dazu passen Rotkohl und Knödel.

TIPP

Wer die Ente sehr knusprig mag, kann die ganze Entenbrust noch für 3 Minuten unter den vorgeheizten Grill des Backofens schieben.

TRAINER

seit 2010 bei HANNOVER 96

ZUTATEN FÜR 4 PERSONEN

2 Barbarie-Entenbrüste,
2 EL Honig,
¼ TL Zimt,
Salz, Pfeffer

FÜR DIE SAUCE

100 ml Portwein,
100 ml Sahne,
3 EL Crème Fraîche

ZUTATEN FÜR 4 PERSONEN
FÜR DAS RAGOUT
3 reife Tomaten, ½ Zucchini,
½ Zwiebel, 1 EL Olivenöl,
1 Knoblauchzehe (ungeschält),
2 EL Tomatenmark, 400g passierte
Tomaten (aus der Dose),
20 ml Geflügelbrühe,
getrockneter Oregano,
Salz, Cayennepfeffer

FÜR DIE CANNELLONI
70g Toastbrot, 70 ml Milch,
1 kleine Zwiebel, 1 EL Butter,
450g Lamm-Hackfleisch
(aus der Schulter),
2 Eier, 2 TL scharfer Senf,
je ½–1 TL abgeriebene,
unbehandelte Zitronen-
und Orangenschale,
Salz, Pfeffer aus der Mühle,

getrockneter Oregano,
Cayennepfeffer,
½ Knoblauchzehe (gehackt),
16 Cannelloni, Öl für die Form

AUSSERDEM
100g gut schmelzender Käse
(z. B. Taleggio),
3 EL geriebener Parmesan,
5 EL Sahne

DIRK DUFNER
LAMM-CANNELLONI MIT TOMATENRAGOUT

ZUBEREITUNG

Für die Cannelloni den Backofen auf 200°C vorheizen.

Für das Ragout die Tomaten kreuzweise einritzen und kurz in kochendes Wasser tauchen. Kalt abschrecken, häuten, vierteln, entkernen und in kleine Würfel schneiden. Die Zucchini putzen und waschen. Die Zwiebel schälen und mit der Zucchini in ½ cm große Würfel schneiden. Das Olivenöl in einem Topf erhitzen, die Zwiebelwürfel und den ungeschälten Knoblauch darin bei milder Hitze glasig andünsten. Die Zucchini-Würfel hinzufügen und etwas mit andünsten. Das Tomatenmark unterrühren, die Dosentomaten samt Saft und der Brühe dazugeben und das Tomatenragout knapp unter dem Siedepunkt 5 Minuten ziehen lassen. Die Tomatenwürfel und den Oregano hinzufügen und die Knoblauchzehe entfernen. Das Ragout mit Salz und einer Prise Cayennepfeffer würzen und nach Belieben mit etwas mildem Olivenöl abschmecken.

Das Toastbrot entrinden und in Würfel schneiden. Die Brotwürfel in einer Schüssel in der Milch einweichen. Die Zwiebel schälen und in kleine Würfel schneiden. Die Butter in einer Pfanne zerlassen und die Zwiebelwürfel darin bei mittlerer Hitze glasig andünsten. Die Zwiebel zu dem eingeweichten Brot geben und mit dem Lamm-Hackfleisch, den Eiern, dem Senf, der Zitronen- und Orangenschale, Salz, Pfeffer, etwas Oregano, einer Prise Cayennepfeffer und dem Knoblauch mischen. Die Füllmasse in die Cannelloni geben. Eine ofenfeste Form mit Öl einfetten, die gefüllten Cannelloni hineinsetzen und das Tomatenragout darüber verteilen. Die Form mit Alufolie verschließen und die Lamm-Cannelloni im Ofen auf der mittleren Schiene zugedeckt etwa 45 Minuten garen.

Inzwischen den Käse reiben und mit dem Parmesan und der Sahne mischen. Nach dem Ende der Garzeit die Alufolie entfernen und die Käse-Sahne-Mischung darüber träufeln. Den Backofengrill einschalten und die Cannelloni 3 bis 4 Minuten goldbraun überbacken.

TIPP

Das Gericht ist etwas aufwendig, aber es lohnt sich. Dazu reichen Sie einen grünen Salat und das Menü ist perfekt. Besonders die Zitrusfrüchte geben dem Gericht eine ganz besondere Note.

SPORTDIREKTOR

seit 2013 bei HANNOVER 96

ZUTATEN FÜR 4 PERSONEN

4 Schalotten,
3 Knoblauchzehen,
je 300g Möhren und
Knollensellerie,
2 EL Butter,

4 EL Olivenöl,
800g Rinderhackfleisch,
Salz, Pfeffer aus der Mühle,
2 große Dosen (800g)
Tomaten,

2 Zweige Rosmarin,
4 Zweige Thymian und
2 Zweige Salbei,
1 Lorbeerblatt,
¼ L trockener Rotwein

1

RON-ROBERT ZIELER
RAGÙ À LA BOLOGNESE

ZUBEREITUNG

Die Schalotten und den Knoblauch schälen und in feine Würfel schneiden. Die Möhren und den Sellerie schälen und ebenfalls in feine Würfel schneiden.

In einem Topf die Butter und 2 Esslöffel Olivenöl erhitzen und die Schalotten und den Knoblauch darin glasig dünsten. Dann das Gemüse zugeben und ca. 5 – 10 Minuten dünsten. Das Gemüse aus dem Topf nehmen. Im gleichen Topf 2 Esslöffel Olivenöl erhitzen und das Hackfleisch darin unter Rühren anbraten. Mit Salz und Pfeffer würzen und anschließend mit Rotwein ablöschen.

Die Tomaten pürieren und mit dem Gemüse zum Hackfleisch geben.

Die Kräuter waschen, trocken schütteln und mit dem Lorbeer- blatt zu einem Strauß zusammenbinden. Den Strauß in die Sauce geben und das Ragù à la Bolognese bei schwacher Hitze 1 Stunde köcheln lassen. Eventuell nochmals mit Salz abschmecken.

Vor dem Servieren die Kräuter entfernen und mit Tagliatelle oder Spaghetti und frisch gehobeltem Parmesan anrichten.

TIPP

Kochen Sie eine größere Menge und frieren Sie den Rest portionsweise ein. Ein so leckeres Tiefkühlgericht werden Sie im Supermarkt nicht finden.

TORWART

seit 2010 bei HANNOVER 96

2

LEON ANDREASEN
DÄNISCHER HOTDOG

ZUBEREITUNG

In einem Topf ausreichend Wasser aufkochen. Den Herd ausstellen und die Würstchen ca. 5 Minuten im heißen Wasser nur ziehen lassen, damit sie nicht aufplatzen können.

Hotdog-Brötchen der Länge nach mit einem scharfen Brotmesser aufschneiden und beide Hälften mit Dänischer Remoulade bestreichen.

Die Gurkenscheiben gut abtropfen lassen und die untere Hälfte vom Hotdog-Brötchen damit belegen. Die Würstchen aus dem Wasser heben, gut abtropfen und auf die Gurkenscheiben legen. Die Würstchen mit Senf und Ketchup bestreichen. Röstzwiebeln darüber streuen und die obere Hälfte vom Hotdog-Brötchen auflegen und leicht zusammendrücken.

In Dänemark wird der Hotdog mit einem leuchtend rot eingefärbten Würstchen namens Røde Pølse hergestellt und kogt (gebrüht) oder risted (gebraten) angeboten – stets ohne Mayonnaise. Der klassische dänische Hotdog wird mit Röstzwiebeln und süßsauer eingelegten Gewürzgurken-Scheiben garniert. Als Saucen werden Ketchup, milder Senf und dänische Remoulade verwendet.

TIPP

Dänischer Hotdog wird aus der Hand gegessen, sollte aber mit Serviette auf Tellern serviert werden, da meist etwas daneben fällt.

MITTELFELD

seit 2009 bei HANNOVER 96

ZUTATEN FÜR 4 PERSONEN

4 Hotdog-Würstchen,
4 Hotdog-Brötchen,
90g Dänische Remoulade,
30g eingelegte Gurkenscheiben,
3 TL Senf,
20g Ketchup,
20g Röstzwiebeln

ZUTATEN FÜR 4 PERSONEN

100g getrocknete Kichererbsen,
1 Zwiebel,
3 EL Olivenöl,
500g Lammfleisch ohne Knochen,
Salz,
Pfeffer,
½ TL gemahlener Kreuzkümmel,

1 EL Tomatenmark,
250g Kartoffeln,
250g Möhren,
je 1 rote und gelbe Paprika,
200g Zucchini,
250g Couscous,
2 EL Butter

3

KARIM HAGGUI
COUSCOUS MIT LAMM UND GEMÜSE

ZUBEREITUNG

Kichererbsen über Nacht einweichen.

Lammfleisch würfeln und in Olivenöl anbraten.
Gehackte Zwiebel zugeben und glasig dünsten.
Salz, Pfeffer, Kreuzkümmel und Tomatenmark
zufügen und verrühren.

Die abgetropften Kichererbsen zusammen mit
1 Liter heißen Wassers in einen Topf füllen und
15 Minuten köcheln lassen.

Kartoffeln und Möhren schälen, würfeln und mit in den
Topf geben. Den Couscous nach Packungsanweisung
zubereiten.

Anschließend die Paprikaschoten und die Zucchini in
mundgerechte Stücke schneiden, in den Topf geben
und nochmals 15 Minuten dünsten. Zum Schluss den
Couscous auflockern und etwas Butter unterheben.

Couscous auf Tellern anrichten und das Lamm-Gemüse-
Ragout darüber geben.

Dazu Harissa in kleinen Schälchen zum Nachwürzen
anbieten.

TIPP

Auch mit Rindfleisch schmeckt dieses Gericht
ausgezeichnet. Sie können auch schnell
garenden Instant Couscous verwenden.

ABWEHR

seit 2009 bei HANNOVER 96

HIROKI SAKAI
GEGRILLTER LACHS MIT TERIYAKI-SAUCE

ZUBEREITUNG

Die Lachssteaks waschen, abtupfen.

Sake, Zucker, Mirin und Sojasauce in einem Topf leicht erwärmen und umrühren, bis sich der Zucker aufgelöst hat.

Den Fisch in der Sauce ca. 10 Minuten marinieren.
Dabei ab und zu wenden.

Die Kresse waschen und abtropfen lassen. Den Rettich schälen und reiben.

Etwas Öl in einer Pfanne erhitzen, dann den Fisch ca. 2 Minuten von jeder Seite braten. Überflüssiges Öl abgießen und die restliche Marinade in die Pfanne geben. Aufkochen lassen und den Fisch noch einige Minuten in der Sauce gar ziehen lassen.

Den Lachs auf 4 Tellern verteilen und mit der Teriyaki-Sauce übergießen. Mit Kresse und geriebenem Rettich garnieren.

Dazu schmeckt Reis und Salat!

TIPP

Dieses Rezept schmeckt auch mit Thunfisch oder Hühnerfleisch sehr lecker.

ABWEHR

seit 2012 bei HANNOVER 96

ZUTATEN FÜR 4 PERSONEN

4 Lachssteaks,
Kresse,
weißer Rettich,
Pflanzenöl

FÜR DIE SAUCE

2 TL Zucker,
2 EL Sake (japanischer Reiswein),
2 EL Mirin (japanischer süßer Reiswein zum Kochen
– gibt es im Asia-Shop),
4 EL Sojasauce

STEVEN CHERUNDOLO
AMERIKANISCHE PANCAKES

ZUBEREITUNG

Die Butter in einem kleinen Topf leicht schmelzen lassen. Sie sollte nicht zu heiß werden.

Nun die Buttermilch, den Schmand, die Eier und die geschmolzene Butter mit dem Mixer gut verrühren. Nach und nach die übrigen Zutaten bis auf die Blaubeeren unterrühren. Den Teig ca. 10 Minuten quellen lassen.

In einer beschichteten Pfanne 1 Teelöffel Öl bei mittlerer Hitze erhitzen, dabei die Pfanne schwenken, damit sich das Öl besser verteilt. Jeweils 4 Pancakes aus 3 Esslöffeln Teig in die Pfanne geben und die Pancakes backen, bis die Ränder fest werden, die Unterseite goldbraun ist und die Blasen auf der Oberfläche zerplatzen (ca. 2–3 Minuten). Danach die Pancakes umdrehen und weiterbacken, bis auch die zweite Seite goldbraun ist (ca. 1–2 Minuten).

TIPP

Wer mag, kann kurz vor dem Backen 200g Blaubeeren vorsichtig unter den Teig heben.

ABWEHR

seit 1999 bei HANNOVER 96

ZUTATEN FÜR 4 PERSONEN

250g Mehl,
2 EL Zucker,
1 TL Backpulver,
½ Natron,
¼ TL Salz,
500 ml Buttermilch,

60 ml Schmand,
2 Eier,
3 EL Butter,
Öl zum Braten,
nach belieben Blaubeeren

8

MANUEL SCHMIEDEBACH
CAESARS SALAD

ZUBEREITUNG

In einer großen Schüssel Salz, Pfeffer, Essig, Zitronensaft, Knoblauch, Senf, Worcestersauce, Sardellenfilets und Eigelb gründlich verrühren. Unter kräftigem Rühren mit dem Schneebesen das Öl dazu träufeln, bis eine sämige Mayonnaise entsteht.

Das Weißbrot würfeln und in Butter knusprig rösten.

Den Salat waschen und in mundgerechte Stücke zerkleinern, den Bacon knusprig braten und zerbröseln.

Salat auf einem Teller anrichten, die Sauce darauf verteilen und anschließend mit Bacon, geriebenen Parmesan und Croutons bestreuen.

TIPP

Der Caesars Salad ist von seinem Erfinder Herrn Caesar Cardini in seiner Zubereitung und der Zusammensetzung der Zutaten genau festgelegt worden, jedoch schmeckt dieser Salat auch mit gebratenen Hähnchenbruststreifen, gewürfelten Gurken und roten Paprikastreifen ganz ausgezeichnet.

MITTELFELD

seit 2009 bei HANNOVER 96

ZUTATEN FÜR 4 PERSONEN

¼ TL Salz, ¼ TL frisch
gemahlener Pfeffer,
2 EL Weißweinessig,
2 EL Zitronensaft,
1 zerdrückte Knoblauchzehe,
½ TL Dijon-Senf,
1 TL Worcestersauce,
1 Eigelb,

2 fein gehackte
Sardellenfilets,
125 ml Olivenöl,
1 Kopf Romana-Salat,
75g Bacon,
50g Parmesan,
100g Weißbrot,
2 EL Butter

ZUTATEN FÜR 4 PERSONEN

2 Tassen Mehl,
6 EL Öl,
1 Prise Salz,
1 Prise Zucker,
1 Tasse lauwarmes Wasser,

1 Eigelb,
200g Hüttenkäse,
1 Zwiebel,
2 EL Butter,
5 Kartoffeln,
1 Becher saure Sahne

9

ARTUR SOBIECH
PIEROGI

ZUBEREITUNG

Mehl, Eigelb, Öl, Wasser, Zucker, Salz vermischen und zu einem glatten Teig kneten.

Kartoffeln schälen und als Salzkartoffeln gar kochen.

Den Teig auf einer bemehlten Arbeitsfläche ½ cm dünn ausrollen und mit einem runden Ausstecher oder einem Wasserglas gleichgroße runde Teiglinge ausstechen.

Zwiebel schälen, hacken und in Butter rösten. Kartoffeln mit dem Hüttenkäse und den Zwiebeln zerstampfen. Mit einem Teelöffel Kartoffelmasse in die Teiglinge geben und die Enden gut zusammendrücken. Die gefüllten Taschen in siedendes Salzwasser geben (nicht kochen) und ca. 10 Minuten ziehen lassen (wenn sie oben schwimmen sind sie fertig). Abtropfen lassen und auf einem Teller servieren. Nach Belieben saure Sahne dazugeben.

Schmecken auch sehr gut mit Hackfleischfüllung.

TIPP

Sollten einige Pierogi übrig bleiben, kann man sie am nächsten Tag in Butter goldbraun braten.

STURM

seit 2011 bei HANNOVER 96

10

SZABOLCS HUSZTI
UNGARISCHES PAPRIKAGULASCH

ZUBEREITUNG

Das gewürfelte Fleisch in Öl in einer großen Pfanne scharf von allen Seiten anbraten, herausnehmen und beiseite stellen.

In der gleichen Pfanne die geschälten und geschnittenen Zwiebeln und Knoblauch anbraten, bis sie Farbe annehmen. Dann das Fleisch wieder dazu geben, mit dem Paprikapulver bestreuen, Tomatenmark unterrühren und nochmals kurz durchrösten. Mit dem Rotwein ablöschen, kurz aufkochen lassen, die Brühe und den Kümmel dazugeben und mit Deckel auf kleiner Hitze köcheln lassen.

Die Paprika waschen, die Kerne entfernen und in Würfel schneiden. Nach ca. 1 ½ Stunden die Paprikawürfel dazugeben und alles nochmal 15 Minuten köcheln lassen.

Wenn die Sauce zu sehr eingekocht ist, nochmal einen Schuss Wasser dazu geben.

Dazu passen Salzkartoffeln und ein Schlag saure Sahne.

TIPP

Natürlich können Sie auch andere Fleisch- und Gemüsesorten in das Gulasch geben. Ganz nach Ihrem Geschmack.

MITTELFELD

seit 2012 bei HANNOVER 96

ZUTATEN FÜR 4 PERSONEN

800g mageres Rindergulasch,
8 Zwiebeln,
6 Knoblauchzehen,
Pflanzenöl,
1 gehäufter EL Paprikapulver
edelsüß,
1 gehäufter EL Paprikapulver
rosenscharf,

4 EL Tomatenmark,
750 ml Rinderbrühe,
je 2 rote und gelbe Paprika,
200 ml trockener Rotwein,
1 EL Kümmel

ZUTATEN FÜR 4 PERSONEN

4 Hühnerschenkel,
3 große Zwiebeln,
2 Knoblauchzehen,
20g frischer Ingwer,
2 Chilischoten,
3 Auberginen,
3 EL Erdnussöl,

2 Dosen geschälte,
gehackte Tomaten à 400g,
2 Thymianzweige,
2 Lorbeerblätter,
200 ml Hühnerbrühe,
Salz, Pfeffer,
frischer Koriander

11

DIDIER YA KONAN

KEDJENOU
AROMATISCHER HÜHNCHEN–AUBERGINEN–EINTOPF VON DER ELFENBEINKÜSTE

ZUBEREITUNG

Die Hühnerschenkel spülen und mit Küchenpapier trocken tupfen.

Zwiebeln, Knoblauch und Ingwer hacken. Die Chilischote in Ringe schneiden, Auberginen schälen und in große Würfel schneiden.

Das Erdnussöl in einer Pfanne erhitzen. Die Hühnerschenkel rundum goldbraun anbraten, herausnehmen und beiseite stellen. Zwiebeln und Knoblauch im gleichen Öl dünsten. Die Hühnerschenkel, Chiliringe, Ingwer, Auberginenwürfel, Tomaten, Thymianzweige, Lorbeerblätter und die Hälfte der Brühe beigeben. Unter gelegentlichem Rühren ca. 1 Stunde köcheln lassen. Nach und nach die restliche Brühe nachgießen. Mit Salz und Pfeffer abschmecken.

Inzwischen den Koriander hacken. Zum Servieren den Eintopf mit Koriander bestreuen. Dazu passt am besten Duftreis.

TIPP

Dieses Gericht schmeckt besonders an heißen Tagen oder nach einem Spiel in dem man ein wichtiges Tor geschossen hat.

STURM

seit 2009 bei HANNOVER 96

ZUTATEN FÜR 4 PERSONEN

6 Rinderrouladen von guter Qualität,
2 EL scharfer Senf,
200g gehackter Speck,
2 große Zwiebeln,

4 eingelegte Gurken,
2 EL Butterschmalz,
1 L Rinderfond,
Salz, Pfeffer

13

JAN SCHLAUDRAFF
RINDERROULADEN

ZUBEREITUNG

Die Zwiebeln schälen und würfeln. Die Gurken ebenfalls in kleine Würfel schneiden. Das Rouladenfleisch auslegen und von beiden Seiten salzen und pfeffern.

Jede Scheibe mit Senf bestreichen und anschließend mit gewürfeltem Speck, Gurken und Zwiebeln bestreuen. Von den Würfeln jeweils 1 EL für die Sauce aufheben.

Zuerst die Seiten etwa 2 cm einklappen und dann die Rouladen aufrollen. Mit einem Zahnstocher feststecken. Das Butterschmalz in einem Bratentopf erhitzen, die Rouladen von allen Seiten kräftig anbraten. Mit dem Fond ablöschen, die restlichen Gemüse- und Speckwürfel zugeben und ca. 2 Stunden leicht köchelnd schmoren lassen.

Traditionell werden Rotkohl und Salzkartoffeln zu den Rouladen serviert.

TIPP

Eine kleine Variation: Füllen Sie die Rouladen mit 3 EL gerösteten Pinienkernen, 6 EL gebratenen Zwiebelwürfel und einer klein gehackten roten Paprika und geben Sie zu der Sauce 400 ml passierte Tomaten. Fantastisch!

STURM

seit 2008 bei HANNOVER 96

ZUTATEN FÜR 4 PERSONEN

320g Spaghetti,
250g frische geschälte Garnelen,
½ Bund Petersilie,
3 Knoblauchzehen,
gutes Olivenöl,
Fleur de Sel,
etwas frischer Zitronensaft

14

MARKUS MILLER
SPAGHETTI AGLIO,
OLIO CON GAMBERETTI

ZUBEREITUNG

In einem Kochtopf reichlich Wasser zum Kochen bringen und die Spaghetti nach Packungsanweisung al dente kochen.

Garnelen in ein Sieb geben, unter fließendem Wasser abspülen und abtropfen lassen. Die Garnelen mit Küchenpapier trocken tupfen, damit sie beim Braten nicht so stark spritzen.

Inzwischen von der glatten Petersilie einige Blätter für die Dekoration beiseite legen. Restliche Blätter mit einem Küchenmesser in feine Streifen schneiden.

Knoblauchzehen pellen und der Länge nach halbieren. Olivenöl in einer großen Bratpfanne erhitzen und den Knoblauch darin hell anbraten. Sobald der Knoblauch leicht Farbe annimmt, den Knoblauch aus dem Olivenöl entfernen und die Temperatur auf mittlere Stufe zurückschalten. Garnelen in die Bratpfanne geben und kurz darin erhitzen. Die Garnelen nicht zu lange braten, da sie sonst leicht zu trocken werden können.
Garnelen mit etwas Fleur de Sel oder ersatzweise Salz und etwas frisch gepresstem Zitronensaft würzen. Die Spaghetti in der Pfanne durch das Öl ziehen und die Garnelen unterheben.

Die in Streifen geschnittene glatte Petersilie unter die Spaghetti mischen. Spaghetti Aglio, Olio con Gamberetti auf vorgewärmten tiefen Tellern anrichten. Dieses Gericht wird ohne Parmesan serviert, um das feine Aroma der Garnelen nicht zu überdecken.

TIPP

Das Kochwasser dient zum Anwärmen tiefer Teller und kann anschließend weggegossen werden.

TORWART

seit 2010 bei HANNOVER 96

15

ANDRE HOFFMANN
HÄHNCHENBRUSTFILETS IN HONIGSCHINKEN

ZUBEREITUNG

Hähnchenfilets waschen und trocken tupfen.

Vom Porree die Enden abschneiden und die Stange längs halbieren. Die Blätter auseinander nehmen und gründlich waschen. In einem Topf Wasser erhitzen, 1 TL Salz zugeben und die Porree Blätter darin blanchieren, bis sie weich sind. Die Blätter in sehr kaltem Wasser abschrecken.

Die Schinkenscheiben auf eine Arbeitsfläche legen und jeweils mit einem Teelöffel Honig bestreichen. Die Hähnchenfilets salzen, pfeffern und fest in die Schinkenscheiben einrollen. Jede Rolle in der Mitte mit ein oder zwei Porree Blättern umwickeln.

Die Rollen in eine gebutterte Auflaufform legen, etwas Wasser zugeben, mit Alufolie abdecken und ca. 30-40 Minuten bei 180°C gar ziehen lassen. Die Filets sollen aber nicht trocken sein.

Dazu passen Marsala Kartoffeln und eine Dijon-Senf-Sauce.

TIPP

Schmeckt auch mit einem kräftigen Kartoffelsalat.

MITTELFELD

seit 2013 bei HANNOVER 96

ZUTATEN FÜR 4 PERSONEN

4 Hähnchenbrustfilets,
4 große Scheiben Honigschinken oder
gekochter Schinken,
4 TL Honig,
1 Stange Porree,
Salz, Pfeffer,
etwas Butter zum Einfetten der Auflaufform

16

FRANÇA
CHURRASCO
SPIEßE AUS BRASILIEN

ZUBEREITUNG

Für die Marinade:
Die Zwiebel und den Knoblauch schälen und fein würfeln. Petersilie, Minze und Majoran grob hacken. Die Kräuter mit den Pfefferkörnern in einem Mörser zerstoßen. Limettensaft und Öl in einer Schüssel verrühren. Zwiebel, Knoblauch und Kräuter zugeben. Mit Pfeffer und Oregano würzen.

Hähnchenbrust und Roastbeef abbrausen, trocken tupfen und mit der Marinade vermischen. Über Nacht kühl stellen.

Fleisch salzen. In ca. 10 cm große Stücke schneiden. Chorizo oder Cabanossi in Scheiben schneiden. Jede Sorte für sich auf lange Metallspieße stecken. Fleisch-stücke dabei leicht zusammenschieben, so dass sie ein wenig gewellt sind. Jeweils zwei Scheiben von der Chorizo oder Cabanossi an den Anfang und an das Ende jedes Spießes stecken.

Das Fleisch nun auf einen Grill von beiden Seiten etwa 4 Minuten grillen. Das Fleisch sollte durch, aber auf keinen Fall trocken sein.

Dazu schmecken gegrillte Tomaten mit Knoblauch.

TIPP

Das Fleisch sollte am besten über Nacht mariniert werden.

MITTELFELD

seit 2013 bei HANNOVER 96

ZUTATEN FÜR 4 PERSONEN

500g Hähnchenbrustfilet,
600g Roastbeef,
4 spanische Chorizos oder dicke Cabanossi,
2 Zwiebeln,
2 Knoblauchzehen,
1 Bund Petersilie,
ein halbes Bund frische Minze,

ein halbes Bund frischer Majoran,
1 TL Pfefferkörner,
Saft von 3 Limetten,
100 ml Olivenöl,
Pfeffer,
getrockneter Oregano,
grobes Salz aus der Mühle

18

SÉBASTIEN POCOGNOLI

WATERZOOI
EIN DEFTIGER EINTOPF AUS DER BELGISCHEN KÜCHE

ZUBEREITUNG

Die Hähnchenschenkel im Gelenk halbieren, kalt abspülen und trockentupfen. Von beiden Seiten mit Salz und Pfeffer einreiben.

Porree putzen, gründlich waschen und Ringe schneiden. Möhren und Sellerie schälen, waschen und in kleine Würfel schneiden. Zwiebel abziehen und ebenfalls in Würfel schneiden. Die Butter in einem großen Topf zerlassen, Gemüse und Petersilie darin kurz anbraten und anschließend die Hähnchenstücke darauf legen.

Die Hühnerbrühe angießen, den Topf verschließen und das Gericht ca. 1 Stunde garen lassen.

Das Fleisch herausnehmen und die Flüssigkeit mit dem verquirlten Eigelb binden.

Fleisch wieder hineingeben und sofort servieren.

In Belgien reicht man Kartoffelpüree dazu.

TIPP

Anstatt mit Hähnchen kann dieses Gericht auch mit Fischfilets zubereitet werden. Die Garzeit beträgt mit Fisch nur ca. 15 Minuten.

ABWEHR

seit 2013 bei HANNOVER 96

ZUTATEN FÜR 4 PERSONEN

4 Hähnchenschenkel,
200g Knollensellerie,
2 Möhren,
1 Stange Porree,
2 Zwiebeln,
2 EL Butter,

2 EL frische, gehackte
Petersilie,
200 ml Hühnerbrühe,
1 Eigelb,
Salz,
Pfeffer

19

CHRISTIAN SCHULZ
BRUSCHETTA UND CROSTINI

BRUSCHETTA AGLI, ZUCCHINI MARINATI
MIT MARINIERTEN ZUCCHINI UND PARMESAN

ZUBEREITUNG

Pinienkerne in einer Pfanne ohne Öl goldbraun rösten. Zucchini waschen und von den Enden befreien, dann in feine Würfel schneiden (½ cm). 6 Esslöffel Olivenöl in einer Pfanne erhitzen und die Zucchiniwürfel und Thymianzweige zugeben und bei mittlerer Temperatur rundherum leicht braun anbraten.

Knoblauch schälen und in eine Schale pressen. 2 EL Olivenöl und den Zitronensaft zugeben und durchrühren. Zucchini dazugeben, mit Salz und Pfeffer würzen und 15 Minuten durchziehen lassen. Die Brotscheiben toasten oder unter dem Grill rösten. Zucchini auf die Brotscheiben verteilen, mit Pinienkernen und gehobeltem Parmesan bestreuen.

CROSTINI GRATINATI CON CIPOLLE E SPECK
MIT ZWIEBELN UND SPECK

ZUBEREITUNG

Die Zwiebeln schälen, halbieren und in dünne Scheiben schneiden. Den Speck ebenfalls in dünne Streifen schneiden. Das Öl in einer Pfanne erhitzen, den Speck darin unter Rühren bei mittlerer Hitze anbraten.

Die Zwiebeln zugeben und mitbraten bis sie leicht gebräunt sind. Das Brot toasten oder unter dem Grill rösten.

Den Speck etwas abkühlen lassen, dann Crème Fraîche unterheben. Pfeffern und vorsichtig salzen (der Speck ist schon salzig). Die Brotscheiben mit der Creme bestreichen.

TIPP

Um mehr Farbe ins Spiel zu bringen, kann man als dritte Variante Tomatenbruschetta dazu reichen.

ABWEHR

seit 2007 bei HANNOVER 96

ZUTATEN FÜR 4 PERSONEN
BRUSCHETTA AGLI

1 mittelgroße Zucchini,
Olivenöl,
5 Zweige frischer Thymian,
½ EL frischer Zitronensaft,
1 Knoblauchzehe,
1 EL Pinienkerne,
ca. 100g Parmesan,
Salz, Pfeffer,
12 Scheiben Ciabatta

CROSTINI GRATINATI

2 Zwiebeln,
120g Bacon (Frühstücksspeck
in dünnen Scheiben),
1 EL Öl,
3 EL Crème Fraîche,
schwarzer Pfeffer,
eventuell Salz,
12 Scheiben
Ciabatta oder Baguette

An alle Fans von Hannover 96.

Ich bin Gökhan und arbeite bei Jim Block. Zum Thema Lieblingsgerichte kann ich Euch einen guten Tipp geben. Kommt zum Kröpcke zu Jim Block gleich neben dem Fanshop. Dort könnt Ihr unsere Block Burger probieren, aus 100% Rindfleisch. Alle Zutaten sind superfrisch und werden täglich aus der Region geliefert. Bei uns wird jedes Gericht erst nach der Bestellung à-la-minute vor Euren Augen frisch zubereitet und unser Service ist schnell, freundlich und flexibel.

Was wollt Ihr mehr? Na klar, dass Hannover 96 Meister wird. Ich drück Euch die Daumen!

Gökhan, Griller im
Jim Block Barmbek,
Hamburg

Unsere Burger sind Steaks. Hundert Prozent!

125g oder 180g saftiger
Block Burger

knackiger Eisbergsalat

sonnengereifte
Tomatenscheiben

frische Zwiebel,
in Ringe geschnitten

zwei Scheiben
zartschmelzender Käse

hausgemachte JB Sauce

Sesam- oder Steinofen-
brötchen nach Wahl

JB JIM BLOCK
DAS HAMBURGER ORIGINAL

Am Kröpcke, direkt bei der Oper.

www.jim-block.de

22

ADRIAN NIKCI
GEFÜLLTE PAPRIKASCHOTEN

ZUBEREITUNG

Paprikaschoten waschen, den Deckel abschneiden, aushöhlen und bis auf zwei Schoten mit der Hackmasse füllen.

Den rohen Reis mit Hack, Salz, Pfeffer, Senf, einer fein gehackten Zwiebel und den klein geschnittenen Knoblauchzehen vermischen.

Die zweite Zwiebel schälen und hacken. Die beiden übrig gebliebenen Paprikaschoten und die 2 Tomaten klein schneiden. In einem Topf die Zwiebel glasig dünsten, Tomaten, Paprikastücke und Tomatenmark zugeben, kurz mit anbraten und mit der Brühe ablöschen. Die gefüllten Paprikaschoten darauf setzen. Sollte noch Hack übrig sein, kleine Mettbällchen formen und ebenfalls in den Topf geben.

Die gefüllten Paprika mit geschlossenem Deckel bei kleiner Hitze leicht köcheln lassen. Nach ca. 20 Minuten die Schoten einmal vorsichtig wenden und weitere 20 Minuten köcheln lassen.

Anschließend die Schoten aus dem Topf nehmen, den Sud mit der Sahne und der Crème Fraîche verrühren. Mit Paprikapulver und Salz nachwürzen. Paprikaschoten vorsichtig in den Topf geben, nicht mehr aufkochen, nur warm werden lassen.

Dazu schmecken Salzkartoffeln hervorragend.

TIPP

Wer es etwas pikanter mag, kann noch ein bis zwei Chilischoten in der Sauce mitkochen lassen.

MITTELFELD

seit 2012 bei HANNOVER 96

ZUTATEN FÜR 4 PERSONEN

600g gemischtes Hackfleisch,
ca. 10 rote Spitzpaprika
(je nachdem wie groß sie sind),
80g rohen Reis,
2 Tomaten,
2 Zwiebeln,
1 TL Senf,
2 Knoblauchzehen,

200 ml Sahne,
3 EL Crème Fraîche,
1 EL Tomatenmark,
200 ml Rinderbrühe,
Salz, Pfeffer,
Paprikapulver edelsüß,
etwas Pflanzenöl

24

CHRISTIAN PANDER
HÄHNCHEN-SALTIMBOCCA
HÄHNCHENBRUST MIT PARMASCHINKEN UND SALBEI

ZUBEREITUNG

Die Hähnchenbrust in dünne Schnitzel schneiden, klopfen, salzen und pfeffern. Zuerst ein Salbeiblatt und anschließend ½ Scheibe Schinken auf eine Seite des Schnitzels legen und mit einen Zahnstocher feststecken.

Die Butter in einer Pfanne erhitzen, die Schnitzel zuerst auf der Schinkenseite und anschließend auf der Fleischseite ca. 2 Minuten pro Seite anbraten. Aus der Pfanne nehmen und warm stellen.

Den Wein in die Pfanne geben und einkochen lassen. Eventuell noch Butter in die Sauce geben.

Die Saltimbocca-Schnitzel und die Sauce zusammen servieren. Dazu passen Ofenkartoffel und gebratenes mediterranes Gemüse.

TIPP

Ursprünglich wird Saltimbocca aus Kalbsschnitzel zubereitet. Probieren Sie mal den Unterschied.

ABWEHR

seit 2011 bei HANNOVER 96

ZUTATEN FÜR 4 PERSONEN

500g Hähnchenbrust,
100g Parmaschinken,
Salz, Pfeffer,
10-12 frische Salbeiblätter,
250 ml Weißwein,
50g Butter

27

DENIZ KADAH
LASAGNE

ZUBEREITUNG

Für die Füllung Zwiebeln und Knoblauchzehen schälen und
würfeln. Das Hackfleisch in einer Pfanne mit Olivenöl unter
Rühren anbraten. Die Zwiebel und die Knoblauchzehe
hinzugeben und mitbraten. Mit Rotwein ablöschen. Mit Salz
und Pfeffer würzen.

Die passierten Tomaten und die Kräuter hinzufügen und leicht
köcheln lassen.

Für die Bechamelsauce die Butter in einem Topf zerlassen.
Das Mehl unter Rühren hinzufügen und so lange darin
erhitzen, bis das Mehl goldgelb ist. Den Topf vom Herd
nehmen. Mit einem Schneebesen die Milch unterrühren,
Lorbeerblatt hinzufügen und mit Salz, Pfeffer und Muskat
würzen. Die Bechamelsauce ca. 15 Minuten sanft kochen,
dabei des Öfteren umrühren. Zum Schluss den Parmesan
unterheben.

Nun eine Auflaufform mit Butter ausstreichen. Als erste
Schicht die Lasagne-Platten in die Form geben. Darauf eine
Schicht Hackfleischsauce verteilen. Anschließend die
Bechamelsauce darauf geben. In derselben Reihenfolge wei-
terschichten. Die Bechamelsauce bildet die letzte Schicht.

Im vorgeheizten Backofen bei 180°C 30-40 Minuten backen.

TIPP

Als vegetarische Variante nimmt man anstatt Hackfleisch
klein gewürfelte Zucchini, Auberginen, Möhren und etwas
Fenchel.

STURM

seit 2013 bei HANNOVER 96

ZUTATEN FÜR 4 PERSONEN

12 Lasagne-Platten,
300g Hackfleisch vom Rind,
1 Zwiebel, 2 Knoblauchzehen,
125 ml Rotwein,
6 EL Olivenöl,
je 3 Thymian- und
Rosmarinzweige,
500g passierte Tomaten

FÜR DIE BECHAMELSAUCE

50g Butter,
50g Mehl,
750 ml Milch,
200g geriebener Parmesan,
Salz, Pfeffer,
Muskatnuss,
1 Lorbeerblatt

ZUTATEN FÜR 4 PERSONEN

3 Eier,
30g Butter,
200g geräucherter Speck,
50g geriebener Parmesan,
1 Zwiebel,

1 Bund Petersilie,
200 ml trockener Weißwein,
Pfeffer,
300g Spaghetti (kein Salz)

28

LARS STINDL
SPAGHETTI À LA CARBONARA

ZUBEREITUNG

Zwiebel schälen und in dünne Scheiben schneiden. Die Schwarte vom Speck entfernen, dann den Speck in Würfel (ca. 5 mm) schneiden.

Zwiebel, Speck und Butter in einer Pfanne dünsten. Wenn der Speck glasig wird, den Weißwein zugeben.

Petersilie waschen, trocken schleudern und hacken.

Eier schlagen, den Parmesan zugeben und Petersilie unterrühren. Mit Pfeffer würzen.

Nudeln ohne Salz in reichlich Wasser kochen, abgießen, in die Pfanne geben, verrühren. Anschließend die Ei-Masse unterrühren und sofort servieren.

TIPP

Da der Speck in der Regel schon recht salzig ist, sollten Sie mit dem Salz etwas vorsichtig sein.

MITTELFELD

seit 2010 bei HANNOVER 96

ZUTATEN FÜR 4 PERSONEN

1000g gemischtes Hackfleisch,
1 altbackenes Brötchen,
etwas Wasser zum Einweichen,
2 Zwiebeln,
etwas Petersilie,
2 Knoblauchzehen,
1–2 TL Salz,

6 Sardellenfilets,
3 EL Kapern,
2 Eier,
80g Semmelbrösel,
Pfeffer, Paprikapulver,
Kümmelpulver

FÜR DIE SAUCE

100g Speck,
60g Butterschmalz,
2 Zwiebeln,
1 Bund Suppengemüse
(Porree, Möhre, Sellerie),
250 ml trockener Rotwein

32

LEONARDO BITTENCOURT
BRASILIANISCHER HACKBRATEN

ZUBEREITUNG

Backofen auf 180°C vorheizen.

Das Brötchen grob zerteilen und im Wasser einweichen lassen. Das Hackfleisch in eine Schüssel geben. Das Brötchen gut ausdrücken und zu dem Hackfleisch geben. Zwiebeln abziehen, sehr fein würfeln. Petersilie waschen, die Stiele entfernen und fein hacken.

Knoblauchzehe abziehen, mit Salz zu einer Paste zerreiben. Sardellenfilets sehr fein würfeln. Nun die Zwiebelwürfel, die Petersilie, die Knoblauchpaste, die Sardellenfilets, die Kapern, die Eier und Semmelbrösel zum Fleisch geben und alles zu einem kompakten Kloß verarbeiten. Mit Pfeffer, Paprika und Kümmelpulver würzen und die Masse mit feuchten Händen zu einem Laib formen.

Für die Sauce die Zwiebeln abziehen und fein würfeln. Den Poree putzen, längs halbieren und in Stücke schneiden. Möhre und Sellerie schälen und in kleine Würfel schneiden. Den Speck würfeln, mit Butterschmalz in einem Bräter zerlassen, anschließend das Gemüse dazugeben und leicht anbraten. Den Hackbraten in den Bräter geben und zugedeckt in den vorgeheizten Backofen schieben. Bei 180°C Grad 30 Minuten braten. Dann Rotwein zugeben und weitere 30 Minuten braten.

TIPP

Dieser Hackbraten schmeckt auch kalt bei einem Picknick sehr gut.

MITTELFELD

seit 2013 bei HANNOVER 96

35

ALI GÖKDEMIR
HÄHNCHENKEULEN MIT CIDRE UND CALVADOS

ZUBEREITUNG

Schalotten abziehen und vierteln. 1 Apfel waschen, achteln, dabei Kerngehäuse entfernen. 3 EL Butter in einem Schmortopf erhitzen.

Hähnchenschenkel abbrausen, trocken tupfen, mit Salz und Pfeffer würzen. In Butter rundum anbraten, herausheben.

Apfelstücke und Schalotten im Bratfett anrösten. Hähnchenschenkel darauf legen. Calvados darüber gießen, mithilfe eines langen Streichholzes vorsichtig anzünden. Beim Flambieren den Topf leicht schütteln.

Sobald der Alkohol verflogen ist, mit Fond und 100 ml Cidre ablöschen. Die Kräuter hinzufügen und alles zugedeckt ca. 30 Minuten schmoren. Restliche Äpfel waschen, achteln, jeweils das Kerngehäuse entfernen. Äpfel in der restlichen Butter braten, mit Zucker bestreuen und leicht karamellisieren lassen. Mit dem restlichen Cidre ablöschen und zu den Hähnchenkeulen geben.

Sahne dazugeben, kurz aufkochen. Mit Salz und Pfeffer abschmecken und servieren.

Dazu passen Ofenkartoffeln mit Rosmarin.

TIPP

Dieses Gericht kann man auch einen Tag vorher zubereiten.

ABWEHR

seit 2013 bei HANNOVER 96

ZUTATEN FÜR 4 PERSONEN

2 Schalotten,
5 säuerliche Äpfel,
5 EL Butter,
4 Hähnchenschenkel,
Salz, Pfeffer,
5 EL Calvados,
100 ml Geflügelfond,

200 ml Cidre,
je 2 Stängel Thymian und
Petersilie und 1 Lorbeerblatt
zusammenbinden,
1 TL Zucker,
200g Schlagsahne

ZUTATEN FÜR 4 PERSONEN

1 Poularde (oder 1 Hähnchen),
4 Zwiebeln,
2 Limetten,
2 EL Senf,
6 Knoblauchzehen,
3 EL Tomatenmark,
1 rote Chilischote,

Pflanzenöl,
400g Reis,
4 Möhren,
3 EL Rosinen,
2 EL frische gehackte Minze,
Salz,
Pfeffer

39

MAME DIOUF
POULET YASSA AUS DEM SENEGAL

ZUBEREITUNG

Das Huhn in Stücke zerteilen. Die Limonen auspressen, mit
zerdrücktem Knoblauch und 1 EL Öl vermischen, die Hühnerteile
darin wenden und mindestens 5 – 6 Stunden im Kühlschrank
marinieren.

Öl in einer Pfanne erhitzen, die Hühnerteile aus der Marinade
nehmen, die Marinade aufbewahren. Im Öl die Hühnerteile rundherum braun braten und dann im Ofen warm stellen.

Die Zwiebeln schälen, in Scheiben schneiden, die Chilischote in Ringe
schneiden (je nach gewünschter Schärfe die Kerne entfernen oder
drin lassen). Die Zutaten in einem hohen Topf in 1 Esslöffel Öl
anschwitzen. Mit Senf und Tomatenmark verrühren und mit der
Marinade ablöschen, ca. ½ Tasse Wasser hinzugeben, gut umrühren,
mit Salz und viel frisch gemahlenem Pfeffer abschmecken. Dann die
Hühnerteile mit dem ausgetretenen Fleischsaft dazugeben. Zudecken
und ca. 1–1 ½ Std. ganz sanft schmoren. Ab und zu vorsichtig rühren
und bei Bedarf ein wenig Wasser dazugeben, damit das Gericht nicht
ansetzt. Das Huhn soll so weich werden, dass es fast von allein vom
Knochen fällt. Die Haut kann beim Essen entfernt werden, weil sie
sehr weich ist.

Den Reis gut waschen, die doppelte Menge Wasser aufsetzen.
Die Möhren schälen und in kleine Stückchen schneiden. Wenn
das Wasser kocht, 1 Teelöffel Salz, die Möhrenstückchen, die
Rosinen und den Reis hineingeben und bei mittlerer Hitze den
Reis ca. 12 Minuten zugedeckt kochen lassen. Den Herd ausschalten
und den Reis noch 10 Minuten ziehen lassen.

Den Reis in eine Servierschüssel geben und mit den Minze–Blättchen
bestreuen. Das Huhn samt der dicken Sauce separat in einer Schüssel
reichen.

TIPP

Im Original verwendet man 1 – 2 Chilischoten mehr.

STURM

seit 2012 bei HANNOVER 96

NESTOR EL MAESTRO
RAZNJICI
SERBISCHE FLEISCHSPIEßE MIT DJUVEC-REIS

ZUBEREITUNG

Das Fleisch in mundgerechte Stücke schneiden, den Speck in ½ cm dicke Scheiben schneiden. Die Paprika waschen und ebenfalls in mundgerechte Stück schneiden. Die Zwiebeln schälen und in Achtel schneiden.

Das Schweinefleisch im Wechsel mit allen anderen Zutaten – bis auf die Knoblauchzehen – auf geeignete Spieße stecken, so dass sich ein farbenfrohes Bild ergibt.

Das Öl in eine kleine Schüssel füllen und mit frisch gemahlenem Pfeffer und Salz würzen. Den Knoblauch frisch gepresst zufügen und alles gut verrühren. Die Spieße mit dem Öl gut einpinseln und auf ein Backblech geben. Den Backofen auf Obergrill auf höchster Stufe erhitzen und die Spieße dort für 10 Minuten garen, dann wenden und weitere 10 Minuten grillen.

Für den Reis die Zwiebel und den Knoblauch schälen und in Würfel schneiden. Die Paprika waschen und würfeln. Zwiebel, Knoblauch und Paprika in einer Pfanne mit etwas Öl andünsten. Die Bohnen in kleine Stücke schneiden, zufügen und ebenfalls mitgaren. Beiseite stellen. Nun den Reis in einem separaten Topf mit 400 ml Wasser und einem ½ TL Salz aufkochen. Dabei den Deckel nicht öffnen. Den Reis ca. 10 Minuten köcheln lassen, anschließend vom Herd nehmen und weitere 10 Minuten ziehen lassen. In den Reis nun die Tomaten aus der Dose mit Flüssigkeit geben und das Gemüse zufügen. Vorsichtig vermischen. Die Chilischote von den Kernen befreien, fein hacken und in den Reis geben. Den Reis nochmals herzhaft abschmecken und zusammen mit den Spießen servieren.

TIPP

Natürlich lassen sich die Spieße im Sommer hervorragend auf einem Grill zubereiten.

CO-TRAINER

seit 2010 bei HANNOVER 96

ZUTATEN FÜR 4 PERSONEN

300g Schweinenacken,
300g Putenfilet,
200g durchwachsener Speck,
je eine rote und eine gelbe
Paprikaschote,
2 Zwiebeln,
3 EL Pflanzenöl,
Pfeffer, Salz,
3 Knoblauchzehen

FÜR DEN REIS

200g Reis,
1 Zwiebel,
2 Knoblauchzehen,
1 rote Paprika,
100g TK-Bohnen (aufgetaut),
1 Dose Tomaten (in Stücken),
1 Chilischote,
Salz, Pfeffer

JÖRG SIEVERS
ALBONDIGAS ESPECIAL
SPANISCHE METTBÄLLCHEN IN TOMATENSAUCE

ZUTATEN FÜR 4 PERSONEN
FÜR DIE FLEISCHBÄLLCHEN

1 kg Schweinegehacktes, 3 Zwiebeln, 3–4 Knoblauchzehen,
½ Bund glatte Petersilie, 1 gestrichener EL Kreuzkümmel,
1 gestrichener EL Korianderpulver, 1 TL Muskat, Pfeffer, Salz,
1 Ei, Semmelbrösel zum Binden, 1–2 EL Olivenöl

ZUTATEN FÜR DIE SAUCE

1–2 Zwiebeln, 2 Knoblauchzehen, 1 große Dose Tomaten,
2 EL Tomatenmark, 1 Gläschen Sherry (trocken), Pfeffer, Salz,
1 Messerspitze Zimt, ½ Bund glatte Petersilie

ZUBEREITUNG

Für die Fleischbällchen die kleingehackten Zwiebeln und
Knoblauchzehen glasig in Olivenöl anbraten, abkühlen lassen.
Die Petersilie fein hacken und mit den anderen Zutaten zum
Hackfleisch geben, einen Teig kneten und diesen durchziehen
lassen (nicht über Nacht).

Aus dem Teig Fleischbällchen in der Größe von Tischtennisbällen
formen und in Olivenöl braten.

Für die Sauce Knoblauch und Zwiebeln hacken, glasig anbraten
und mit dem Sherry ablöschen. Diesen um die Hälfte reduzieren,
anschließend die anderen Zutaten bis auf die Petersilie hinzufügen
und auf kleiner Flamme mindestens 30 Minuten köcheln lassen.

Zum Schluss die Fleischbällchen in die Sauce geben und mit der
gehackten Petersilie bestreuen.

TORWARTTRAINER

seit 1989 bei HANNOVER 96

TIPP

Albondigas werden in Spanien als Tapas gereicht. Mit Reis und einem schönen Salat serviert sind sie jedoch auch eine leckere Hauptmahlzeit.

ZUTATEN FÜR 4 PERSONEN

1 Wirsingkohl,
500g Hackfleisch
halb und halb,
3 Eier,
200g Paniermehl,
1 große Zwiebel,

Salz, Pfeffer,
Paprikapulver,
1 EL Kümmel,
1 L Rinderbrühe,
2 TL Speisestärke,
2 EL Butterschmalz

KAI TIMM
WIRSING-ROULADE

ZUBEREITUNG

Die Zwiebel schälen und in kleine Würfel schneiden. Das Hackfleisch
mit den Zwiebelwürfeln, den Eiern und dem Paniermehl vermengen.
Mit Salz, Pfeffer und Paprikapulver würzen. Die Fleischmasse in den
Kühlschrank stellen.

Von dem Wirsingkohl möglichst ganze Blätter ablösen. In einem
großen Topf Wasser zum Kochen bringen, salzen und die Wirsingblätter darin ca. 3 Minuten blanchieren. Die Blätter aus dem Wasser
nehmen und auf Küchenpapier abtropfen lassen.

Die Wirsingblätter auf eine Arbeitsfläche legen und etwa 2 EL von
der Hackfleischmasse in jedes Blatt geben. Die Blätter aufrollen und
wenn nötig mit einem Zahnstocher feststecken.
Butterschmalz in einem Topf erhitzen und die Rouladen von allen
Seiten braun anbraten. Die Brühe und die Kümmelsamen zugeben
und ca. 1 ½ Stunden garen lassen. Wer mag kann die Sauce mit
Speisestärke andicken.

Dazu passt Kartoffelbrei.

TIPP

Natürlich schmecken diese Rouladen auch ganz klassisch mit Weißkohl.

ATHLETIK-TRAINER

seit 2012 bei HANNOVER 96

ZUTATEN FÜR 4 PERSONEN

FÜR DIE SAUCE

1 L Milch,
240g Zucker,
220g Eigelb,
1–2 Vanilleschoten

FÜR DEN TEIG

30g Hefe,
600 ml Milch,
50g Zucker,
500g Mehl,

2 Eier, 50g Butter,
etwas Zitronenschale,
1 Prise Salz,
100g Zucker

TIPP

Auch als Dessert schmecken
Dampfnudeln ausgezeichnet.
Man sollte sie dann allerdings
nicht ganz so groß formen.

HEIKO SANDER
DAMPFNUDELN MIT VANILLESAUCE

ZUBEREITUNG DER SAUCE

Vanilleschote aufschneiden und das Mark herauskratzen. Milch
mit dem Vanillemark und der Vanilleschale aufkochen lassen.
Abkühlen lassen dabei gelegentlich umrühren.

Mit dem Schneebesen die Eigelbe und den Zucker schaumig
schlagen. Nach und nach wird nun das Eigelb in die warme
(nicht heiße) Milch mit dem Schneebesen eingeschlagen.
Nicht mehr kochen lassen. Falls die Mich zu kalt ist, die Masse
im Wasserbad erwärmen.

ZUBEREITUNG DER DAMPFNUDELN

Die Hefe in 125 ml lauwarme, mit dem Zucker verrührte Milch
geben. Mehl in eine warme Schüssel schütten und in die Mitte
eine Vertiefung drücken. Die Hefemilch dort hineingießen und
20 Minuten gehen lassen. Dann die Eier, Butter, Zitronenschale,
1 Prise Salz und weitere 125 ml warme Milch dazugeben und
so lange mit dem Rührlöffel schlagen bis der Teig Blasen wirft
und sich gut von der Schüssel löst, wenn notwendig noch etwas
Mehl dazugeben. Zugedeckt an einem warmen Ort noch einmal
20 Minuten gehen lassen. Anschließend den Hefeteig zusammen
mit etwas zusätzlichem Mehl gut durchkneten, bis er nicht mehr
klebt.

Aus dem Teig runde Hefebällchen mit einem Gewicht von etwa
80–90g formen, auf ein mit Backpapier ausgelegtes Backblech,
in genügend großem Abstand zueinander auflegen.
Die Dampfnudeln auf diese Weise nochmals bis auf das doppelte
Teigvolumen an einem warmen Ort hochgehen lassen.

Inzwischen in einem gut verschließbaren Topf 350 ml Milch mit
dem Zucker und der Butter erwärmen bis alles aufgelöst ist. Die
gut in die Höhe gegangenen Dampfnudelstücke nebeneinander
in die warme Milch setzen. Der Deckel wird fest verschlossen
und – wenn es möglich ist – beschwert, damit möglichst wenig
Dampf entweichen kann. Zunächst den ganzen Topfinhalt
einmal aufkochen, danach die Heizstufe auf eine mittlere Stufe,
oder noch kleiner, zurückdrehen. Die Dampfnudeln langsam
ca. 20 Minuten garen, dabei den Deckel immer drauf lassen.
Sehr hilfreich ist ein Kochtopf mit einem Glasdeckel, durch
welchen man den Kochvorgang genau verfolgen kann.
Die Dampfnudeln sind fertig, wenn die Milch gerade eingekocht
ist, ohne dass der Topfboden anbrennt.

ATHLETIK-TRAINER

seit 2012 bei HANNOVER 96

ZUTATEN FÜR 4 PERSONEN

500g Penne,
50g Speck,
3 Chilischoten,
2 Knoblauchzehen,
1 Zwiebel,

200g passierte Tomaten,
6 kleine Tomaten,
etwas Basilikum,
1 Spritzer Zitronensaft,
1 TL Tomatenmark

THOMAS WESTPHAL
PENNE ARABBIATA

ZUBEREITUNG

Pfanne mit Olivenöl erhitzen, gehackte Zwiebeln dazugeben und anschwitzen. Den Speck und in Scheiben geschnittenen Knoblauch dazugeben. Wenn der Speck leicht gebräunt ist, die passierten Tomaten zugeben. Aufkochen lassen und die geschnittenen Chilischoten (ohne Kerne) dazugeben. Zitronensaft und Tomatenmark unterrühren und mit Salz und Pfeffer abschmecken.

Die 6 Tomaten in kleine Stücke schneiden und hinzugeben, nach Belieben kurz vor dem Servieren oder schon vorher.

Kurz vor dem Servieren das frische Basilikum zerreißen und unterrühren.

Während die Sauce kocht, die Penne in ausreichend Salzwasser garen.

TIPP

Wenn die Zeit da ist, lassen Sie die Sauce ruhig noch ein wenig köcheln.

TEAMBETREUER

seit 2001 bei HANNOVER 96

RALF BLUME
ROMANASALAT MIT BUTTERCROUTONS UND ZWIEBEL-SENF-VINAIGRETTE

ZUBEREITUNG

Das Toastbrot entrinden und in 1 cm große Würfel schneiden.
Die Butter in einer versiegelten Pfanne erhitzen und das Toastbrot
darin von allen Seiten goldbraun rösten, leicht salzen und auf
Küchenkrepp abkühlen lassen. Den Romana-Salat vom groben
Strunk befreien, in 2 cm breite Streifen schneiden, waschen und
trocken schleudern.

Das Olivenöl tröpfchenweise mit einem Schneebesen zum Senf
rühren, Joghurt zugeben, mit Zitronensaft und Parmesan
verfeinern, mit Salz, Pfeffer und einer Prise Zucker abschmecken.

Die Zwiebeln schälen und in hauchdünne Scheiben schneiden.

Romana-Salat, Zwiebeln und Vinaigrette vermengen, mit den
Kräutern bestreuen und portionsweise auf Tellern verteilen.
Mit den gerösteten Brotwürfeln bestreuen.

TIPP

Ganz nach Geschmack können dem Salat noch Kirschtomaten,
Gurkenscheiben, Paprikastücke oder Oliven beigegeben werden.

PHYSIOTHERAPEUT

seit 2007 bei HANNOVER 96

ZUTATEN FÜR 4 PERSONEN

4 Scheiben Toastbrot,
2 EL Butter,
1 mittelgroßer Romanasalat,
5 EL Olivenöl,
2 TL Dijon-Senf,
2 EL Joghurt,
2 TL frisch gepresster
Zitronensaft,

40g geriebener Parmesan,
Salz, schwarzer Pfeffer,
Zucker,
2 mittelgroße rote Zwiebeln,
1 EL fein gehackter frischer
Koriander,
1 EL fein gehackte glatte
Petersilie

ZUTATEN FÜR 4 PERSONEN

8 mittelgroße Eier,
400g Mehl,
Salz, Pfeffer,
frisch geriebene Muskatnuss,
500g Zwiebeln,

4 EL Pflanzenöl,
3 EL Butter,
150g Emmentaler,
100g Appenzeller,
1 Bund Schnittlauch

STEFFEN GNIESMER
KÄSESPÄTZLE
MIT GESCHMOLZENEN ZWIEBELN

ZUBEREITUNG

Die Eier mit dem Mehl in einer Schüssel vermischen, mit Salz und Muskat würzen und so lange mit dem Kochlöffel kräftig rühren, bis der Teig Blasen wirft.

Die Zwiebeln schälen, in Ringe schneiden, mit dem Pflanzen-öl und 2 EL Butter goldbraun andünsten. Den Käse fein reiben. Eine Auflaufform mit Butter einfetten und mit einem Viertel der Zwiebeln und etwas Käse ausstreuen.

Den Backofen auf 180°C vorheizen.

Reichlich Salzwasser zum Kochen bringen. Mit Hilfe einer Spätzle-Presse ein Drittel des Teiges ins kochende Wasser drücken. Die Spätzle eine Minute aufkochen lassen und mit der Schaumkelle in die bereits vorbereitete Auflaufform geben. Erneut mit Zwiebel und Käse bestreuen und mit etwas frischem Pfeffer würzen. Diesen Vorgang zweimal wiederholen und mit Zwiebeln und Käse abschließen.

Die Spätzle im Ofen ca. 15 Minuten überbacken.

Vor dem Servieren mit Schnittlauch bestreuen.

Dazu passt ein grüner Salat.

TIPP

Wenn es mal schnell gehen muß, können Sie auch frische Spätzle aus der Kühltheke des Supermarktes verwenden.

PHYSIOTHERAPEUT

seit 2012 bei HANNOVER 96

MILLE GORGAS
WOLFSBARSCH IN SALZKRUSTE

ZUBEREITUNG

Den Fisch waschen und trocken tupfen, nicht schuppen.
Die Bauchhöhle mit den Gewürzen und dem Knoblauch füllen.

Das Meersalz mit dem Eiweiß gut vermischen. Etwas Wasser
zufügen (1–2 EL). Ein Viertel der Salzmasse auf eine Form in der
Größe des Fisches verteilen. Den Fisch auf die Salzschicht legen
und mit dem restlichen Salz bedecken.

Den Ofen auf 200°C vorheizen. Den Fisch je nach Größe
25–40 Minuten backen. Die Salzkruste mit dem Hammer
aufschlagen. Den Fisch filetieren und ohne Haut servieren.

Perfekt als Vorspeise oder auch als Hauptspeise mit einem leckeren
Salat und Baguette.

TIPP

Zum Garen in der Salzkruste eignen sich fleischige, ganze Fische.
Wunderbar schmecken Wolfsbarsch, Dorade oder Zander. Die
Gewürzfüllung kann man nach Geschmack variieren. Sollte eine
ganze Fußballmannschaft zum Essen kommen, schmeckt auch
ein ganzer Lachs in Salzkruste ganz ausgezeichnet.

ZEUGWART

seit 1997 bei HANNOVER 96

ZUTATEN FÜR 4 PERSONEN

2 Wolfsbarsche,
ausgenommen aber mit Schuppen,
3 angedrückte Knoblauchzehen,
3 Lorbeerblätter,
6–10 Thymianzweige,
doppelt so viel grobes Meersalz
wie der Fisch wiegt,
2 Eiweiß

„Eine wahrhaftige und gute Küche besteht zu neunzig
Prozent aus hochwertigen und frischen Zutaten und
zu 10% aus Phantasie.“

(Paul Bocuse)

Der Geschmacksverstärker

HANNOVERS FEINE KOCHSCHULE

www.der-geschmacksverstaerker.de

Der Geschmacksverstärker
An der Tiefenriede 21
30173 Hannover (Südstadt)

In unser Kochschule in Hannover gibt es mehr als „nur" einen Kochkurs, weil nicht nur das Kochen im Mittelpunkt steht. Vielmehr bietet unsere Kochschule in Hannover eine harmonische Verbindung von schmackhaftem Essen und dem passenden Wein dazu. In jedem Kochkurs wird nämlich ein leckerer Wein aus der eigenen Weinhandlung „Weinhaus Feiter" in Hannover präsentiert – das unterscheidet unsere Kochschule in Hannover von den übrigen Kochschulen in Hannover und anderswo.

Kochkurse in unserer Kochschule in Hannover bedeuten also immer Freude am Kochen, das kennenlernen neuer, leckerer Gerichte sowie das Entdecken neuer Geschmäcker. Nicht erst seit Kochschulen im Trend liegen bietet ein Kochkurs in dieser Kochschule in Hannover ein Erlebnis für alle Sinne. Falls Sie die Verbindung von feinem Essen und edlen Weinen schätzen, machen Sie Ihren Kochkurs in Hannover am sinnvollsten in der Kochschule Hannover. Wir freuen uns auf Sie!

"Der Mensch ist, was er ißt."

(Ludwig Feuerbach)

DAS RICHTIGE REZEPT
FÜR IHREN GEWINN

ZUTATEN: Sportbegeisterung, Fachwissen, Enthusiasmus, Hochklassige Spiele, Buchmacherkompetenz, Top Quoten und **ADMIRAL SPORTWETTEN**

"Vom guten Essen ist noch nie jemand dick geworden - nur vom Zuvielessen."

(Rudolf Mohler)

Der Hyundai 250D-7E Gabelstapler

Ohne Feinfühligkeit verfehlen Kraft und Leistung ihre Wirkung.

Aus diesem Grund transportiert der Gabelstapler **250D-7E** sogar schwerste Lasten mit äußerster Präzision.

Von seinem niedrigen Schwerpunkt bis hin zu seinem Lasterkennungssystem zählt dieser Stapler mit zu den besten in seiner Klasse, sowohl in punkto Sicherheit als auch in Bezug auf seine Wirtschaftlichkeit.

Nikolic Gabelstapler Service GmbH
Siemenstrasse 18a
30827 Garbsen / OT Berenbostel
Telefon: 05131 49370
www.nikolic-gabelstapler.de

Unsere Produktpalette umfasst Traglasten von 1,5t - 25t!

„Geschmack ist die Kunst,
sich auf Kleinigkeiten zu verstehen.“

(Jean-Jacques Rousseau)

Das richtige Auto für alle Tage, die nicht alltäglich sind. Der neue Cross Caddy mit Allradantrieb 4MOTION.

Fahren Sie doch einfach dahin, wo Sie sonst nicht hinkommen: mit dem neuen Cross Caddy. Denn er besticht durch seinen authentischen Offroad-Look, in Kombination mit überzeugender Funktionalität. Und damit Sie auch nahezu jedes Ziel sicher erreichen, ist er mit einem Berganfahrassistenten, Karosserieabdeckungen sowie auf Wunsch mit dem Allradantrieb 4MOTION ausgestattet. Steigen Sie ein. Das Abenteuer wartet.

Care Port | Dienstleistungen & Mobilität

Das Auto.

Cross Caddy, Kraftstoffverbrauch in l/100 km (m³/100 km bei Erdgas) für Benzin und Diesel: kombiniert von 8,1 bis 5,2. Für Autogas (BiFuel): kombiniert 10,4. Für Erdgas (EcoFuel): kombiniert 8,7. CO_2-Emissionen in g/km für Benzin und Diesel: kombiniert von 189 bis 136. Für Autogas (BiFuel): kombiniert 169. Für Erdgas (EcoFuel): kombiniert 156. Abbildung zeigt Sonderausstattung gegen Mehrpreis.

„Das Essen ist einer der vier Zwecke des Daseins.
Welches die drei anderen sind, darauf bin ich
noch nicht gekommen.“

(Baron de la Brède et de Montesquieu)

CanadianSolar

![Canadian Solar logo with mountain lake and canoe landscape]

QUALITÄT I WERTE I INNOVATION

Canadian Solar (NASDAQ: CSIQ) gehört zu den weltweit größten Herstellern von Solarmodulen. Als ein führender vertikal integrierter Hersteller von Ingots, Wafern, Solarzellen, Solarmodulen, Solarsystemen und speziellen Solarprodukten liefert Canadian Solar seinen Kunden überall auf der Welt hervorragenden Nutzen.

*„Keine Liebe ist aufrichtiger als
die Liebe zum Essen"*

(George Bernard Shaw)

Impressum
1. Auflage 2013
© 2013 Hannover 96 Sales & Service GmbH & Co. KG
Robert-Enke-Straße 1, D-30169 Hannover
Fotos: Michael Neugebauer, www.fotolia.de
und Fotoformplus GmbH & Co. KG, www.fotoformplus.de
Satz und Gestaltung: designagenten, www.designagenten.com
Druck und Bindung: Verlag Die Werkstatt, Göttingen
Alle Rechte vorbehalten
ISBN: 978-3-89533-945-5

shop.hannover96.de

WÜNSCHT VIEL SPASS BEIM KOCHEN